7
LK 1306.

COMBAT

EN CHAMP CLOS

DE

GÉRARD DE STAVAYÉ ET D'OTHON DE GRANDSON,

A BOURG-EN-BRESSE, LE 7 AOUT 1398.

BOURG,
IMPRIMERIE DE P.-F. BOTTIER,
—
1835.

COMBAT
EN CHAMP CLOS
DE
GÉRARD DE STAVAYÉ ET D'OTHON DE GRANDSON,
A BOURG-EN-BRESSE, LE 7 AOUT 1398.

COMBAT EN CHAMP CLOS

DE

GÉRARD DE STAVAYÉ ET D'OTHON DE GRANDSON,

A BOURG-EN-BRESSE, LE 7 AOUT 1398 (1).

Sur la rive gauche du lac orageux de Neuchâtel, s'élevait, au front d'une colline, le vaste château de Grandson. Au bord opposé, un peu plus vers le nord, le regard, en s'abaissant, rencontrait le château plus humble de Stavayé. Leur noms étaient ceux alors de deux illustres familles du pays de Vaud. Toutefois, les Grandson, descendans des anciens comtes de Vaud, possesseurs d'une fortune considérable et de charges élevées, puisaient dans ce triple éclat une puissance que les Stavayé ne pouvaient mesurer que

---

(1) Ce récit appartient à peu près en entier, pour la forme et pour le fond, au dernier et charmant volume publié à Turin par M. le chevalier L. Cibrario, l'un des écrivains les plus élégans et le plus justement estimés de l'Italie moderne. Nous souhaitons, sans oser l'espérer, qu'il n'ait pas trop perdu à la libre imitation que nous en donnons ici. M. Cibrario reçut et accomplit il y a peu d'années, ainsi que son modeste et savant ami Casimir Promis, conservateur des médaillers royaux, l'honorable mission d'explorer, au profit de l'histoire de leur pays, les monumens artistiques ou écrits de France, d'Italie et d'Allemagne. Il lui arrive parfois de détacher des nombreux trésors qu'il a amassés et qui servent de matériaux au grand travail historique dont il est chargé, des documens dont s'enrichissent avec avidité les revues italiennes et que nous ne lirions pas en France avec moins d'empressement. La plupart de ces articles remarquables ont été tout dernièrement recueillis à Milan, et forment un volume du plus puissant intérêt. M. Cibrario, du reste, est déjà connu parmi nous par l'excellente traduction qu'a donnée M. Boullée de ses recherches sur l'histoire et sur l'ancienne constitution de la monarchie de Savoie.

d'en bas, bien que la position dans laquelle ils se trouvaient eux-mêmes ne fût nullement dépourvue de distinction.

Au temps d'Amédée VII, dit le Comte-Rouge, ces deux familles avaient pour chef, l'une Othon de Grandson, l'autre Gérard de Stavayé. Tous les deux se haïssaient, et d'une haine plus profonde que les vastes flots qui séparaient leurs domaines.

Othon néanmoins haïssait comme haïssent les forts, avec cette mesure presqu'involontaire que donne la conscience d'une supériorité reconnue.

Quant à Gérard, chaque jour passé sans vengeance ajoutait au poison dont son cœur était dévoré.

Une pensée, pensée terrible, enflammait son ressentiment et obsédait sa vie. Epoux et toujours amant de Catherine de Belp, l'une des plus belles femmes de son époque, il devinait, malgré lui, un rival heureux dans Othon et ressentait doublement l'outrage dont il se croyait flétri.

Et comme l'infériorité de sa position ne lui permettait pas de tenter avantageusement l'offensive, il s'abandonnait avec frénésie à une haine dont le temps devenait le premier aliment.

Pour lui, ce n'était pas vivre que de vivre éclairé du même soleil qu'Othon.

Apparut enfin l'aurore de la vengeance.

Le jour de la Toussaint, 1391, Amédée VII mourut à la fleur de son âge, en proie à un martyre sans nom (I). Il expira en accusant de son trépas le médecin Jean de Granville dont il prescrivit lui-même l'arrestation; et,

---

(I) Ce prince avait alors trente et un ans. L'histoire rend le plus magnifique témoignage de sa sagesse et de sa valeur. *Il n'y avait rien à désirer en ce grand prince*, disent les écrivains de l'époque, *qu'une plus longue vie*. Guichenon raconte qu'il fut *aimé et chéri de la France dont il porta ouvertement les intérêts contre l'Anglais*. Ce fut Amédée VII qui fit rebâtir la ville de Belley détruite par un incendie, le 25 du mois d'août 1385.

léguant à la douleur le soin d'arracher à cet étranger le secret de son crime, il ordonna de sa voix défaillante qu'il fût soumis à la torture.

En effet, le genre d'angoisses qu'eut à traverser le malheureux prince et les taches livides et noires répandues sur son cadavre, ne permirent bientôt plus de douter qu'il fût mort empoisonné.

Cependant, il arriva que loin de faire arrêter Jean de Grandvi'le, Othon de Grandson ne craignit pas de lui assurer une retraite sur ses terres, après l'avoir arraché des mains de deux pages qui, par une sorte de piété envers la mémoire de leur maître, avaient cru devoir s'en saisir aussitôt.

La mort atroce de ce prince infortuné, souleva l'émotion la plus vive parmi les populations dont sa valeur et sa générosité l'avaient fait l'idole. Ardentes, si l'on peut parler ainsi, de regrets et d'horreur, on les vit ne se préoccuper que d'un soin unique, celui de rechercher le parricide. Il se manifestait partout cette haute conviction que le sang du coupable ne pourrait suffire à payer l'attentat qui, dans un seul homme, avait frappé la nation entière, anéanti les plus justes espérances et ébranlé l'État jusqu'en ses fondemens. Et ce fut là, sans doute, le plus éclatant hommage rendu au prince qui laissait un tel vide et léguait de telles craintes.

Une grande et solennelle voix s'élevait donc de toutes parts, réclamant justice et vengeance.

Bonne de Bourbon députa le prince de Morée, accompagné de commissaires choisis, pour ouvrir et suivre sans délai une enquête à ce sujet. Cette enquête eut pour premier résultat l'arrestation de Pierre de Lompnès (I), de-

---

(I) Lunes ou Lompnès en Bugey. L'histoire préparait une toute autre célébrité à ce petit endroit : la seigneurie de ce nom fut inféodée en 1457, par le duc de Savoie, à la famille de Bonnivard, qui l'a possédée pendant 145 à

puis long-temps attaché à la cour de Savoie en qualité d'apothicaire. C'était au mois de mai 1392. Il confessa son crime, et reconnut avoir préparé, sur les ordres de Grandville, le breuvage empoisonné qui avait donné la mort à son maître. Deux mois plus tard, il fut condamné à la peine des parricides Son exécution eut lieu à Chambéry, au mois de juillet de cette même année 1392; il fut traîné au supplice garotté à la queue d'un âne emprunté d'une juive à ce lugubre effet, et comme pour augmenter encore l'ignominie de la peine. Son corps fut coupé en trois quartiers; chacun desquels fut salé avec soin et expédié à une ville. Bourg-en-Bresse eut sa tête; ce hideux présent valut à son porteur II florins *parvi ponderis* (I).

---

150 ans. Qui ne connaît François de Bonnivard, l'immortel prisonnier de Chillon, dont la captivité, doublement féconde, fonda la liberté de Genève et inspira à lord Byron l'une de ses plus éloquentes pages? Bonnivard voulut la liberté, mais pour tous et sans aucune exclusion de ceux qui professaient des opinions contraires à celles qu'il avait adoptées. Aussi défendit-il la cause des prêtres catholiques avec une énergie dont la postérité ne cessera de lui tenir compte, quand, à la sollicitation du ministre Farel, la république leur interdit l'exercice de leur religion. Les Bonnivard étaient originaires de Seyssel.

(I) On trouve la note suivante dans les comptes de la trésorerie générale de Savoie de 1392 à 1394, n° d'ord.ne 40. Français 2012. C. 98. I° — « Premierement baillia con-
» tans du commandement de messire le prince et messire
» Loys de Sauoie a Arnullar pour le pris de un meytier
» de sal. duquel lon a sale les troys quartiers de Pierre de
» Lompnes. et pour le prix de troys barraulx es queulx lon
» a mic les dicz troys quartiers et de une cornue en la quel
» lon a porte la dicte sel pour les saler le XVIII° jour de
» juillet lan dessus MCCC. LXXXXII. — deux sous troys de-
» niers obol-gros-item baillia contans a Pierre Pelloces lieu-
» tenant de Chambery les queulx le dit Pierre a baillie a
» Thomasset le messager le quel a pourte un des ditz quar-
» tiers a Moudon. A Roberczon messager qui a porte lautre
» auillanne ou valet de Malgota messager qui a pourte
» lautre yuurie et a Tharantaise messagier qui a pourte la
» teste du dit trayteur a Bourg en Breisse le dit jour. —
» XI flor. parvi ponderis. Item baillie contans du dit com-

Jean de Grandville, bien que réfugié en Bourgogne, était également dans les fers; mais soumis à la torture en présence des ducs de Bourbon, de Berri et de Bourgogne, elle ne sut arracher de cette âme de fer ni aveu, ni rien en un mot qui pût faire naître la lumière sur sa complicité dans l'attentat. Un historien rapporte même que renvoyé innocent, il fut immédiatement reçu au service du duc de Bourbon; et que, par suite des déclarations qu'il fit à son lit de mort, Amédée VIII voulut faire rapporter la sentence qui pesait sur Pierre de Lompnès, et réhabilita la mémoire de ce condamné en ordonnant le transfert de ses restes dans l'église de Brou (I).

Quoi qu'il en fût, la voix publique cherchait ses coupables plus haut que Grandville, et s'arrêtait tout d'abord à Othon de Grandson. La conduite de ce seigneur, il faut le dire, devenait la source première des soupçons qui s'attachaient à lui; et dans le pays de Vaud même où s'étendait la plus notable partie de sa domination, de graves

---

»mandemant a Johan du roul de Breisse pour ses despeins »fere aler par deuers les seigneurs de Villars et de Beguef »es queulx il a porte les depositions faites par maistre »Johan de Grandville et le dit traiteur Pierre de Lompnes »le XXIe jour de juilliet lan dessus. — X florins parvi »ponderis. »

Ce document précieux, d'une part, ne laisse aucun doute sur la patrie du supplicié qui était bien véritablement de Lompnès en Bugey, et qui en portait le nom, bien que Guichenon l'appelle faussement *Pierre de Lupinis*; d'autre part, l'indication précise qu'il contient du salaire accordé au messager qui porta la tête du coupable à Bourg, détruit suffisamment la version du même Guichenon qui le fait exécuter dans cette dernière ville.

De graves soupçons tombèrent également sur le sire Louis de Cossonai, conseiller et lieutennant-général d'Amédée VII; et bien que, tant qu'il vécut, il ne fut point impliqué dans ce triste procès, à peine fut-il décédé que le Bailli de Vaud reçut ordre d'occuper ses biens de vive force, *certis de causis*; ce qui eut lieu au mois d'avril 1398.

(4) Ces deux faits ne se trouvent point dans le récit de M. Cibrario. Rien ne les confirme.

antécédens étaient là qui l'accusaient à leur tour. Othon comparut et devant le roi de France et devant les ducs de Bourbon, d'Orléans, de Berri et de Bourgogne, lesquels, par suite de leurs alliances avec les derniers princes de Savoie, prenaient l'intérêt le plus actif aux affaires de cette monarchie. Et soit que sa justification fût bien réellement complète, soit que la puissance de ses nombreuses amitiés prêtât à sa défense la force dont elle pouvait manquer, elle eut un plein et entier succès; et, si on ne le crut tout à fait innocent, on feignit du moins de le considérer comme tel. Toutefois, il ne rentra point immédiatement en Savoie : il séjourna long-temps en France et en Angleterre, et comme *il était vaillant*, dit un historien, *il y acquit un grand honneur*.

Au premier bruit de la mort d'Amédée et des soupçons qui s'élevaient contre Grandson, Gérard crut retrouver une nouvelle vie. Il mesura profondément l'énormité du crime et les conséquences possibles de l'atteinte morale portée à son rival. Il pressentit aussitôt la ruine d'Othon et goûta pour la première fois tout ce que la vengeance recèle de volupté. Mais la haute position et les alentours de son ennemi, ne lui permettant pas d'entreprendre à découvert une lutte qui ne pouvait être égale, il s'appliqua à l'enfermer d'avance dans une enceinte sans issue. On vit alors sa haine, patiemment avide, recueillir, répandre et envenimer tout ce que la méchanceté et la sottise inventaient et débitaient sur Othon. Ces mille et mille accusations, portées de bouches en bouches, s'en allaient grandissant sans cesse. Elles devinrent bientôt si affirmatives, elles se répétaient de toutes parts avec tant d'assurance, elles se revêtaient, en un mot, d'un caractère si apparent d'authenticité, que, dans le pays de Vaud, bien peu restaient qui osassent douter encore de l'odieuse participation de Grandson au meurtre de son souverain.

Gérard voyait tout cela; et, en présence des gigantesques progrès de son œuvre, une joie d'enfer lui saisissait le cœur. Quand, après l'arrestation de Pierre de Lompnès, le prince de Morée vint occuper de vive force le château d'Othon, Gérard crut assister enfin à l'exécution de la sentence qu'il se flattait d'avoir préparée, et nul ne saurait dire le sombre ravissement qui passa dans ses yeux, quand, du haut des tours de Stavayé, il put voir le glaive de la justice errer sur les murs solitaires de son rival. Mais il eut bientôt à modérer ses transports. Il ne tarda pas à apprendre que Grandson, examiné par les ducs, avait été renvoyé absous. A cette nouvelle inattendue, Gérard sentit son ancienne rage se réveiller plus ardente. Toutes les furies semblaient s'être réfugiées dans son cœur. L'acquittement d'Othon lui devint un second outrage et acheva de dévorer son repos. C'était l'unique pensée de ses veilles; et cette même image abhorrée le poursuivait dans le rare et court sommeil que lui permettait son mal. Consumé et hors d'état de se résister plus long-temps à lui-même, il résolut de tenter enfin le dernier parti offert à son ressentiment; c'était d'appeler son adversaire en combat singulier, en l'accusant de la mort d'Amédée VII et de celle d'Ughes de Grandson, parent du même Othon, laquelle n'avait été ni moins violente, ni moins mystérieuse. Il ne se dissimulait point le péril auquel il s'exposait en cela, mais il se savait moins chargé d'ans et plus vigoureux qu'Othon; il avait l'affreuse conscience de la supériorité de sa haine et il espérait en elle pour vaincre.

Il se présenta donc à Louis de Joinville, sire de Divonne, Bailli du pays de Vaud, et lui adressa sa requête en ces termes (I):

« Sire Bailli, je Gérard de Stavayé, me clame en votre

(I) *Ordonnance du gaige de messire Gérard de Stavayé et de messire Othon de Grandson, chevaliers;* histoire généalogique de la royale maison de Savoie, t. 4me. Nous avons cru devoir conserver le texte de cette pièce originale; nous avons seulement cherché à en éclairer le sens en modifiant parfois l'orthographe de certains mots.

» main comme lieutenant, pour faire raison de mon très-
» cher et redouté seigneur Monsieur de Savoye, de messire
» Othon de Grandson : si vous requiers comment le veuil-
» lez assigner à un jour, selon raison et coutume du pays,
» et lui veuillez notifier, que, à celui jour, je lui main-
» tiendrai et dirai, que, il, faulsement et maulvaisement,
» a été consentant de la mort, de mon redouté seigneur
» Monseigneur de Savoie, dernièrement mort, et aussi de
» messire Hugues de Grandson son seigneur ; et ce, je lui
» dis et dirai, et maintiendrai mon corps en contre le sien,
» à Modon, où raison se doit faire de toutes causes tou-
» chant les Bannerets, par devant vous, comme Bailli et
» commis pour faire raison et justice, me veuillez avoir agi-
» ter et terminer ladite clame pardevant vous comme sire
» souverain desdites parties, et à qui plus appartient de
» cognoitre dudit cas, par toutes raisons, que à nul autre,
» considéré la grosseur de la matière qui est crime de lèze
» majesté. »

Le sire de Divonne, après avoir entendu Gérard, ne lui fit d'autre réponse, sinon qu'il en référerait à qui de droit. Il transmit en effet la requête à Amédée VIII, mais elle souleva dans le conseil du prince les avis les plus opposés. Les uns pensaient que, dès l'instant qu'Othon juridiquement examiné avait pu n'encourir aucun blâme, il devenait souverainement injuste de le contraindre à risquer de nouveau sa réputation et sa vie; d'autres pensaient qu'Othon, âgé de 60 ans, était un peu vieux pour ne placer que le hasard entre l'accusation et lui; mais ceux-là n'osaient le dire, car il eût été téméraire alors de qualifier de pire des jugemens, ce que l'on était convenu d'appeler le jugement de Dieu. Il paraissait à d'autres encore que la prétendue affection de Gérard pour le prince défunt, n'était qu'un faux semblant derrière lequel se cachait la soif d'une vengeance toute personnelle. Mais le plus grand nombre raisonnait autrement. Il est certain, disait la majorité des conseillers, que de graves soupçons ont entaché la conduite d'Othon ; ils n'ont pu suffire à la justice humaine ; ce serait donc le cas d'en appeler à la justice de Dieu ; à quelque sentiment qu'eût obéi Gérard, on ne pouvait, selon ces derniers, refuser de faire droit à sa requête, dès qu'il s'engageait, corps et âme, à en établir l'équité. On faisait observer enfin que le pays de Vaud se trouvait en proie à deux factions également implacables et furieuses, composées l'une des partisans de Grandson, l'autre de ceux de Stavayé, et qu'il n'y avait de paix possible qu'en abattant le chef de l'une ou de l'autre ; le combat proposé devenait donc le seul moyen de rétablir la tranquillité, et un refus ne pouvait avoir d'autre résultat que de perpétuer la division et de jeter une défiance déplorable sur ceux qui fermeraient ainsi l'unique voie ouverte à l'expiation d'un grand crime ; rien ne s'opposait du reste à ce qu'on laissât au temps le soin d'indiquer et de faire naître un remède plus opportun, en fixant le duel à un terme éloigné.

Ce dernier avis prévalut et le comte appointa les parties à comparaître devant lui, *en sa ville de Bourg-en-Bresse*, le 15 de novembre 1397, pour *plus plainement procéder*, et statuer en conséquence.

Au jour indiqué, Gérard et Othon se présentèrent devant le comte et son conseil. Gérard réitéra sa provocation et jeta le gant. De son côté, Othon de Grandson fit le signe de la croix et parla en ces termes (*Loco citato*) :

« Je prends Dieu, sainte Anne et sa bénoîte lignée, en
»témoins de la vérité, et dis que tu mens, et as menti
»autant de fois comme tu l'as dit, et devant mon souverain
»seigneur qui cy est présent, je me défendrai, à l'ordon-
»nance de lui et de son sage et honorable conseil, et en
»ferai cy avant que mon honneur il sera très bien et très
»grandement gardé, et tu en demoureras et seras menteur
»pardevant vous et votre très noble seigneurie, hors du
»pays de Vaud, du quel pays, comme j'ai entendu, et m'a
»été rapporté que l'on vous a écrit, qu'il me tiennent pour
»leur ennemi, dont fortement me grève, car, c'est à leur

» grand tort, considéré que, ni moi, ni mes devanciers ne
» leur fîmes oncque chose dont eux me dussent tenir pour
» tel. »

Cela dit, messire Othon jeta le gant à son tour. Il était debout, la main gauche appuyée sur la garde de son épée, et de la droite, froissant et abandonnant tour à tour, selon le besoin de son geste, l'écharpe violette à franges d'or, jetée en sautoir sur son armure. Sa taille était haute et relevée encore de je ne sais quoi de gentilhomme et de guerrier qui donnait à toute sa personne une dignité chevaleresque et saisissante dont les regards de Gérard lui-même semblèrent plus d'une fois avouer l'effet. Sa voix était mâle et animée; elle décelait une colère profonde, mais contrastant avec la rage que trahissait, dès l'abord, l'expression saccadée et toute émue de son adversaire.

Il se fit de nouveau un silence solennel; Othon continua ainsi:

« Mon très redouté et très souverain Seigneur, selon que
» j'ai ouï dire à plusieurs anciens et vaillans chevaliers des
» deux royaumes, et aussi à aucuns de l'empire de l'Alle-
» magne, il arrive que par droit d'armes, tout homme qui
» se fait appelant de si grand cas, comme de trahison, ou
» de meurtre et de larcin, doit venir à son appel si bien
» pourvu de toutes choses, que si le juge et le défendant
» l'exigent, il puisse être à la preuve de la vérité à l'heure
» qui lui sera assignée et sans dilation; mais les chevaliers
» disent que, si le défendant par nécessité requiert qua-
» rante jours de dilation après ce qu'il a répondu à son
» appel, le juge le lui peut et doit donner. Or, et ainsi, mon
» très redouté seigneur, que par la grâce de Dieu vous êtes
» mon juge en ce cas, que messire Gérard de Stavayé se fait
» appelant et que je me suis fait défendant. Cela étant, par
» plusieurs et raisonnables causes s'il vous plaisait et je
» voulais, je me pourrais excuser de la bataille, et montrer
» clairement que messire Gérard a menti des choses qu'il
» m'appelle; premièrement, en montrant comme le roi de

» France qui est le plus grand et le plus noble roi des chré-
» tiens, et duquel, mon très redouté seigneur, votre père,
» dont Dieu ait l'âme, était le cousin germain, a vu ces choses
» devant lui, en présence de très hauts et puissans princes,
» nos redoutés seigneurs les ducs de Berry, de Bourgogne,
» d'Orléans et de Bourbon, et plusieurs autres messieurs
» de son conseil; ils en ont fait enquerre par bonne et mûre
» délibération et là, merci Dieu, j'en ai été trouvé pur et
» net, et non coupable en sa mort; après, les choses ont
» été examinées et enquereues par si sages et si vaillans
» princes, comme est monsieur de Bourgogne, lequel sens
» l'on tient être autant nécessaire pour le bien de la chré-
» tienté, comme d'autre prince qui vive; et après lui, j'en
» ai été deux ans à sa cour, à la vôtre en cette ville, à Lyon
» et autre part, et à Dijon devant lui et devant vous, et à
» la conclusion ainsi comme il appert, et je me passe à
» présent de le réciter plus avant, pour ce que je ne me
» veuille appuyer de rien, fort que pour l'ordonnance de
» vous et de votre sage et honorable conseil : mais tant vous
» puis-je bien dire que le noble prince, de sa grâce, a dit
» devant le roi d'Angleterre, présens messieurs ses oncles,
» et plusieurs autres grands seigneurs, comme ils m'ont
» trouvé pur, net et innocent, et m'en tient pour si peu
» coupable comme sa propre personne; même après, mon
» très redouté et souverain seigneur, il n'est pas chouse
» évidente ni semblable vérité, que là où il y a tant de
» vaillans prud'hommes, chevaliers et écuyers, comme il
» y a en la comté de Savoie, qui tous sont vos hommes
» liges, dont les meilleurs et les plus grands vous sont ap-
» partenus de lignage, et plusieurs des autres ont été avan-
» cés pour les dons et par les offices des messeigneurs vos
» ancêtres; que, s'ils m'eussent sçu en un tel défaut, ils
» n'eussent pas laissé la commission de cettui fait à messire
» Gérard de Stavayé; car la chouse leur appartient de plus
» près, et le sçussent et pussent mieux mettre en avant;
» mais les vaillans prud'hommes, chevaliers et écuyers de

» votre pays, redoutent Dieu et aiment leur honneur et ne
» voudraient prendre nulle fausse querelle sur le peuple
» chrétien du monde ; or, il en est d'autres qui ont con-
» seillé prendre cette querelle contre moi ; et de ceux, je ne
» sais dire, fort que de deux voies l'une, ou ils cuident que
» la querelle soit bonne, juste et vraie, ou ils savent bien
» qu'elle est fausse et mauvaise ; si ils se pensent qu'elle
» soit bonne, juste et vraie, ils se montrent faillir de cœur,
» et recrus, couards et lâches vers monsieur votre père et
» vers vous, quand ils ne la prennent pour eux-mêmes ; et
» s'ils savent que la querelle soit fausse et mauvaise, ils se
» damnent et se déshonorent, quand, pour l'iniquité qu'ils
» aient en moi, ils conseillent un chrétien à faire chouse
» où l'on peut perdre l'âme, l'honneur et la vie ; toutes voies
» ils semblent qu'ils aient bien treuvé soulier à leur pied,
» quand ils ont treuvé messire Gérard nécessiteux et plein
» de convoitise, et faiblement advisé, car celle qu'est la
» commune fame et voix du pays, l'on dit qu'ils lui ont
» promis de faire ses dépens et donner une somme d'ar-
» gent, pour prendre cette querelle du seigneur Ughes de
» Grandson et de sa mort avec celle de mon très redouté
» seigneur, monsieur votre père ; et quand plus prendra de
» mauvaises querelles, tant est pis pour lui, et mieux pour
» moi, se Dieu plaît, toutes voies, autre que lui a dit ce
» qu'il dit, qui oneque ne le preuve, ne jamais le fera, ne
» aussi ne fera messire Gérard, mais en demourra menteur.

» Or, mon très redouté et souverain seigneur, j'ai toutes
» choses considérées et regardées au plaisir de notre seigneur,
» pour faire le plus de bien et le moins de mal ; je vois les
» grands inconvéniens et les grands malheurs qui jà sont
» venus au tems passé pour ses mauvais mensonges ; dont
» il appert, que en ont été gens meurtris et mis à mort ;
» j'ai regardé le tems présent, comment ce qui touche votre
» personne qui êtes mon souverain seigneur, et vois la ten-
» dresse de votre âge, et comment votre pays a besoin de
» repos, et que, si nous qui sommes vos sujets, fussions

» bien advisés, nous dussions être tous unis pour vous aider
» à passer le tems jusqu'à âge d'homme. J'ai regardé le
» tems à venir, comme vos gens sont en erreurs et en
» grandes discussions pour cette mauvaise information, et
» que chacun jour en pourrait advenir si grands maux, et
» plus grands que messire Gérard de Stavayé, ne moi, ne
» pourrions émander : et pour ce, mon très redouté et sou-
» verain seigneur, j'ai dit au commencement, comment le
» défendant peut et doit avoir quarante jours de dilation si
» besoin lui est, je vous signifie que, la mercy de notre
» seigneur, je n'ai besoin de dilation; car, premièrement,
» ma querelle est bonne et vraie, et ai grand'cause de moi
» défendre; et touchant ma conscience et mes péchés, je
» suis en la miséricorde de celui qui est plus plein de mercy
» que je ne puis être peschable, et me fie en lui de cettui
» fait, car il me sera vrai juge, et je sens mon corps et mes
» membres en santé et en haleine, et suis pourvu d'harnois,
» d'armes et de chevaux en cette ville, et il n'est pas en la
» puissance de celui qui m'appelle, s'il ne vous plait, qu'il
» puisse avoir plus de dilation, et je, qui suis défendant,
» ne requiers point; et, Dieu le sait! non par orgueil ni par
» envie que j'ai de tollir la vie de nul chrétien, fors que
» ainsi je suis contraint de défendre ma vie et mon honneur,
» et l'état en quoi Dieu m'a convoqué; et aussi, je me offre
» de moi défendre toutes heures qu'il vous plaira, soit hui
» ou demain, ou quel jour vous voudrez, et, pour l'ordon-
» nance de vous et de votre honorable et sage conseil, à
» l'aide de Dieu et de sainte Anne, j'en ferai si avant et par
» telle manière, que mon honneur il sera très bien et très
» grandement gardé et messire Gérard en demeurera menteur. »

Amédée, après avoir entendu la requête et la réplique, fit sortir les deux champions et délibéra en conseil (I); puis

---

(I) Voici les noms des membres composant alors le conseil d'Amédée VIII : Odde de Villars, gouverneur du prince;

il renvoya la décision au 25 janvier, assignant les parties à se présenter devant lui et son conseil, en sa terre de Bourg, protestant, sur la demande de Gérard, ne vouloir aucunement en cela déroger ni porter préjudice aux libertés, franchises et coutumes du pays de Vaud.

Gérard jura ensuite entre les mains des maréchaux de Savoie et sur les saints évangiles, qu'il se présenterait au jour indiqué, sous peine de voir ses biens confisqués et de se voir tenu pour menteur et pour félon. Il donna en outre pour caution onze gentilshommes, dont l'histoire a conservé les noms ; ce furent : Jean d'Irlens, Jean de Bussy, Amé de Prés le jeune, Pierre d'Irlens, Girer de Moudon, Georges de Bouvillars, François de Billens le jeune, Richard d'Irlens, Jean de Thomasset, Nicod d'Irlens, Guillaume de Wistarnens. Tous jurèrent ensemble et séparément de présenter et amener Gérard, aux lieu et jour indiqués, sous peine de mille marcs d'argent chacun.

Othon, à son tour, posa la main sur l'évangile et répéta le serment imposé à Gérard.

Ses cautions furent : Humbert, sire de Rougemont, Aymar de Clermont, Henri de Vienne, Mathieu de Ryé, Guillaume, sire de Saint-Trivier, Nicod, sire d'Hauteville, Henri de Colombiers, Girard de Marchand, le Bastard de

---

Antoine, sire de la Tour ; Roul de Gravères, Jean de la Baume, sire de Valufin ; le sire d'Entremons ; Guillaume, sire de Ternier ; Jean, sire de Meillonas ; Jean de Conflans, chancelier de Savoie ; Étienne de la Baume ; Jean de Verney, maréchal de Savoie ; Amé de Chalant ; Jean de Grangeac ; le sire de Saint-Mauris ; le sire d'Apremont ; Girerd, sire de Noyers ; Louis de Joinville, bailli de Vaud ; Guillaume du Chief ; Jean Bouard ; Guillaume de la Poëpe ; Guillaume, seigneur de Verjon ; Guichard de Marchand ; Jacques Champion ; Pierre Burle ; Guillaume de la Gelière ; Jean de la Fontaine, Antoine de Mouspeys ; Guillaume de Grolée ; Jean Brunet, juge de Bresse ; Jacques de Sostion ; Amblard de Gerbais, protonotaire de Savoie ; Lambert Oddinet ; Pierre de Bussy ; André de Saint-Amour, et les procureurs de Vaud et de Bresse.

Cossonay, Jean de Micolaus, Berlio de Paladru, Guigues de Loras, Jean de Duretal, Hughes de Bateys, François de Molens, Robert de Divonne, Henri de Thoire, Henri d'Armances, Nicod de Lugrin.

Du 25 janvier, la décision fut de nouveau renvoyée au 30 de juin. Le temps, ce grand remède, n'en fut point un en cette circonstance. D'une querelle particulière on marchait à une guerre civile. Les choses en étaient venues à une telle extrémité, que chaque parti avait ses enseignes et les arborait publiquement. Les partisans de Gérard portaient la figure d'un rateau sur les épaules, et ceux de Grandson des aiguillettes au bout de leurs souliers (I). Gérard et Othon se représentèrent donc plus animés que jamais et déclarèrent qu'ils persistaient dans leurs dires respectifs. Après s'être retirés un instant de la salle du conseil, ils y furent presque tous aussitôt rappelés pour ouïr prononcer la sentence suivante :

« Nous dit comte, séant au siége de justice et de raison,
» ayant les saintes écritures pardevant nous, pour ce que
» notre jugement procède droiturier, de la face de Dieu et
» son saint nom appelé, en faisant le signe de la vraie
» croix, disant : en nom du Père, du Fils et du Saint-Es-
» prit, amen ; par notre sentence en cet écrit, déclairons et
» prononçons par ces présentes, et Dieu par sa sainte grâce
» soit au droit ! que gage de bataille soit et se fasse entre les-
» dits appelant et défendant, par manière que chacun fasse
» son devoir, afin que, desdits cas, Dieu en veuille dé-
» montrer la pure vérité. De laquelle prononciation lesdites
» parties nous ont remercié et supplié que sur ce, leur vou-
» lussions donner brief terme et assignation ; pour faire en
» ce cas leur bon devoir, et ordonner des armes avec les-
» quelles se doivent combattre, et pour ce, assignons es-
» dites parties le septième jour du mois d'août, à soi com-
» paraître personnellement, à heure due, dedans notre ville
» de Bourg, pardevant nous en notre cour en la place dedans
» les lices qui leur seront établies, à tous leurs chevaux

» couverts, et armes plaines, telles et tels comme pourter
» les voudront, sans avoir en icelles armes plaines, et cou-
» vertures aucunes, pointes offendables, et chacun desdits
» appelant et défendant puisse avoir une lance d'une lon-
» gueur, deux épées et une dague, telles comme avoir les
» voudront pour faire leur devoir comme gentilshommes
» doivent faire, et ce, sur la peine de mille marcs d'or, et
» sur leurs biens meubles et immeubles, et d'être atteint et
» convaincu, et être le fait pour confessé par la partie que
» ne se comparaîtrait et satisferait à ladite journée parde-
» vant nous. »

Gérard et Othon s'avancèrent alors l'un après l'autre, et renouvelèrent consécutivement, entre les mains de Boniface de Chalant, maréchal de Savoie, et sur les saints évangiles, le serment exigé d'eux lors de leur première comparution. Les cautions vinrent ensuite et s'engagèrent de nouveau à leur tour.

Ces formalités accomplies, l'assemblée se sépara, attendant avec impatience le terme fatal.

On raconte que la nuit qui précéda le jour indiqué, un grand lévrier noir, chéri d'Othon et son compagnon dans les combats, se prit à hurler si lamentablement près du lit de son maître, que celui-ci dût ordonner enfin de le conduire hors des appartemens. Mais à peine la grande porte se fut-elle refermée sur le noble animal, et l'eut-elle laissé seul dans la cour ouverte de toutes parts, qu'une louve énorme le saisit avec la rapidité de la foudre, lui brisa les reins et l'eut enlevé avant qu'aucun des gens d'Othon put lui prêter secours. On dit en outre que la tête du chien fut retrouvée le lendemain à peu de distance du lieu où s'était hébergé Gérard. Le public s'enquit très-fort de cet événement et plusieurs le jugeaient sinistre.

(I) Voyez l'*Histoire généalogique de la maison de Savoie*, t. 2. Voyez en outre sur tout cet événement Olivier de la Marque et Machanée.

Dès le grand matin du 7 août, les routes qui conduisaient à Bourg, apparurent couvertes d'une foule venue des contrées les plus diverses, avide d'un spectacle qui déjà commençait à devenir rare. Du sol marécageux de la Bresse, s'élevaient de noires vapeurs qui donnaient au jour un aspect sévère et automnal. C'était de toutes parts un mouvement toujours croissant. On allait, on venait, on s'interrogeait en courant; on se répondait par une exclamation, par un signe, par un coup d'œil. Chaque visage portait la profonde et éclatante empreinte d'un sentiment dominateur, bien que quelques-uns témoignassent d'une sombre impartialité ou d'un dédain amer. Partout, en un mot, se manifestait cette anxiété qui précède les grands événemens; et les jongleurs venus des pays lointains pour tirer leur part de cette solennité, ne pouvaient réussir à captiver l'attention des spectateurs. Une lice avait été construite hors des murs de Bourg sur une vaste place (I). A l'une des extrémités s'élevait une loge tapissée et ornée de tentures de laine verte. Tout au tour de l'enceinte, se tenaient assis les héraults, grands maîtres de la noble science des armes, ayant en main la verge avec laquelle ils modéraient et arrêtaient les épées des combattans. Au dehors, allait et venait, à la tête d'un corps de cavaliers, Pierre Bouczan, chargé de la police de la place et du soin d'administrer prompte justice. Parut enfin sur une haquenée recouverte d'une housse verte, le jeune prince Amédée VIII, en habit de drap d'or, avec une houppelande de soie verte. Immédiatement après lui, marchait son gouverneur, Odde de Villars bardé de fer et revêtu, sur son armure, d'une cotte de velours noir, tailladée de soie rose. Puis, venaient les princesses ses sœurs Bonne et Jeanne de Savoie, semblablement vêtues d'étoffes d'or et accompagnées de la dame d'Apremont et autres da-

---

(I) Elle fut construite par les ordres et par les soins de Boniface de Chalant, maréchal de Savoie, et coûta 222 florins et demi d'or, *parvi ponderis*.

mes de noblesse. Suivait enfin le conseil du comte ; cinquante chevaliers et écuyers fermaient le cortége.

A peine le prince eut-il pris place dans la loge qui lui avait été préparée, qu'une sonnerie de trompette annonça l'arrivée des deux champions. Ils entrèrent en lice par les deux points opposés, et après avoir salué le souverain et les dames et promené un rapide regard dans l'enceinte, ils placèrent leur lance en arrêt et attendirent le signal.

Tous les deux étaient magnifiquement armés. Othon montait un cheval rouge, grand et superbe animal, élevé dans les herbages d'Angleterre et merveilleusement dressé aux jeux sanglans du tournois.

Gérard pressait une cavale noire venue des hautes vallées suisses, non moins ardente et non moins propre aux combats.

A l'aspect solennel de cette assemblée auguste, au sourd et immense murmure de cette multitude, dont chaque regard était attaché sur lui, Gérard se sentit un instant faillir; son cœur se troubla; mais il contempla Othon et retrouva toute son énergie. Il eut bientôt oublié le prince, les spectateurs et le prétexte apparent de sa querelle, il se fut bientôt oublié lui-même et ne vit plus que l'amant de sa femme. Le signal se fit entendre et la trompette retentissait encore, que, frémissant d'impatience et de rage, Gérard avait fondu sur Othon de toute l'impétuosité de sa puissante cavale, de toute la force de son incommensurable haine. Le fer de sa lance disparut tout entier dans la poitrine de Grandson. Le malheureux chevalier tomba le visage contre terre, les bras étendus en croix; il s'écria : Jésus ! et expira dans les flots de sang dont il inondait l'arène.

Beaucoup furent amenés, par l'issue de ce combat, à croire Othon coupable, qui d'abord n'avaient pas douté de son innocence. Mais le plus grand nombre doutait toujours et répétait : « Dieu et sainte Anne lui sont témoins qu'il meurt, non pour avoir été l'assassin d'Amédée, mais pour avoir été l'amant de Catherine de Belp. »

Le voyageur qui visite la cathédrale de Lausanne manque rarement de s'arrêter devant un tombeau gothique que rend surtout remarquable une satue sans mains.

C'est celui d'Othon de Grandson.

On explique diversement la singulière circonstance dont nous venons de parler.

Il se lit quelque part, qu'une des conditions du combat avait été que le vaincu perdrait les deux mains, à moins qu'il n'avouât, si c'était Othon, le crime dont il était accusé, et si c'était Gérard, la fausseté de l'accusation. Othon abattu, Gérard lui cria de s'avouer coupable; Othon répondit en lui tendant les deux mains que Gérard abattit d'un seul coup. Ces deux mains furent brûlées par le bourreau comme étant les mains d'un traître. Et c'est ainsi qu'elles manquent à la statue d'Othon. L'artiste s'est contenté de sculpter deux petites mains sur le coussin de marbre qui soutient la tête du guerrier. On rapporte également qu'Othon repose sous son marbre armé comme il l'était au jour du combat, et que lorsqu'on ouvrit la tombe primitive où avait été déposé le cadavre, pour en transporter les restes dans la cathédrale de Lausanne, la cuirasse du chevalier, brisée à la poitrine, recelait encore le fer de la lance de Gérard.

Non loin du tombeau d'Othon gît celui d'Amédée VIII, depuis pape sous le nom de Félix V. Bizarre rapprochement de l'accusé et du juge!

Pour prix de sa victoire, Gérard de Stavayé reçut en don 1,200 florins d'or, *parvi ponderis*. Les châteaux et les terres d'Othon furent confisqués; et le château de Grandson, avec ses mouvances et dépendances, fut inféodé en 1400 à la belle Marguerite de Montbelliard, Dame d'Orbe.

Georges Arandas.

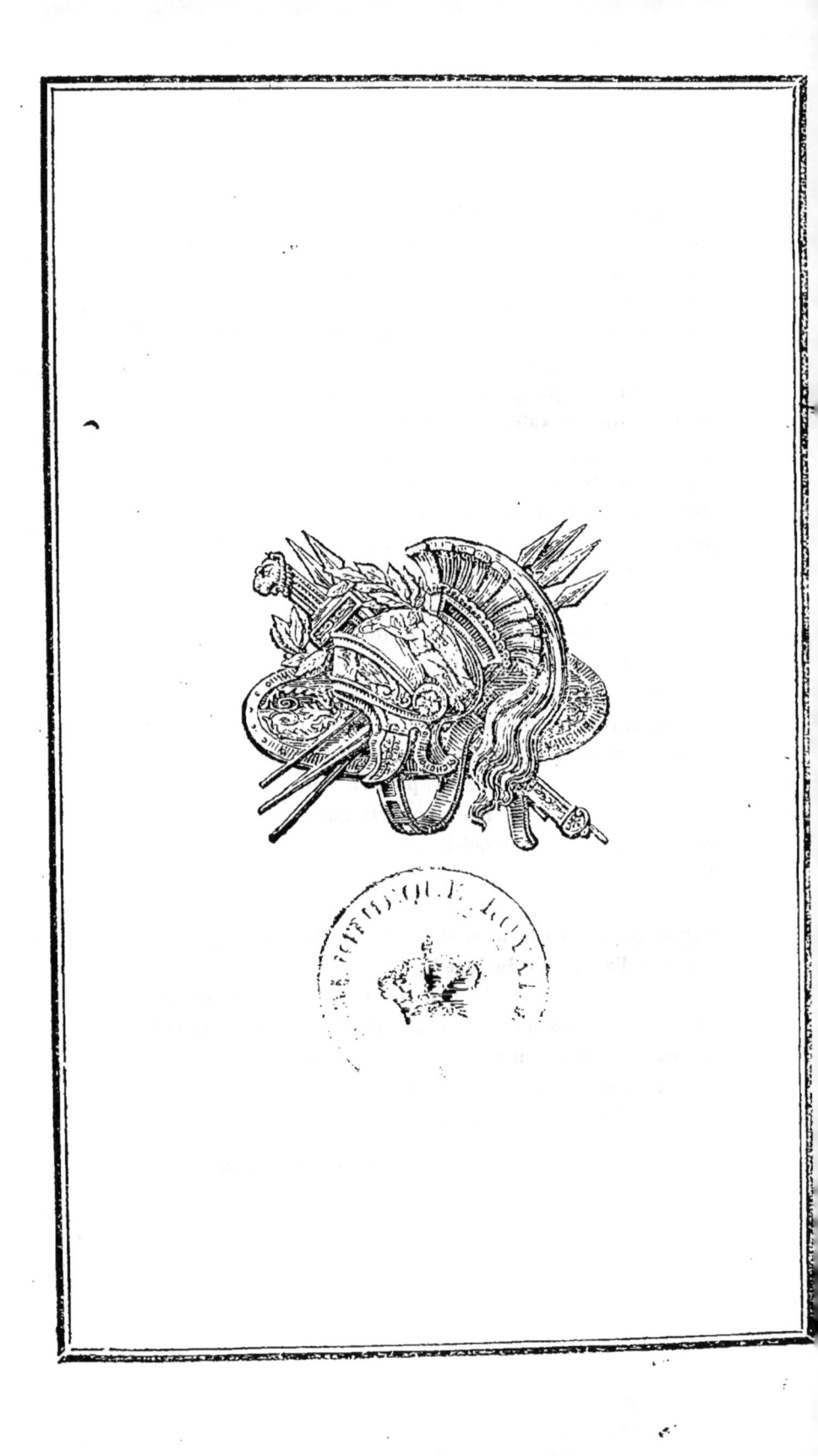

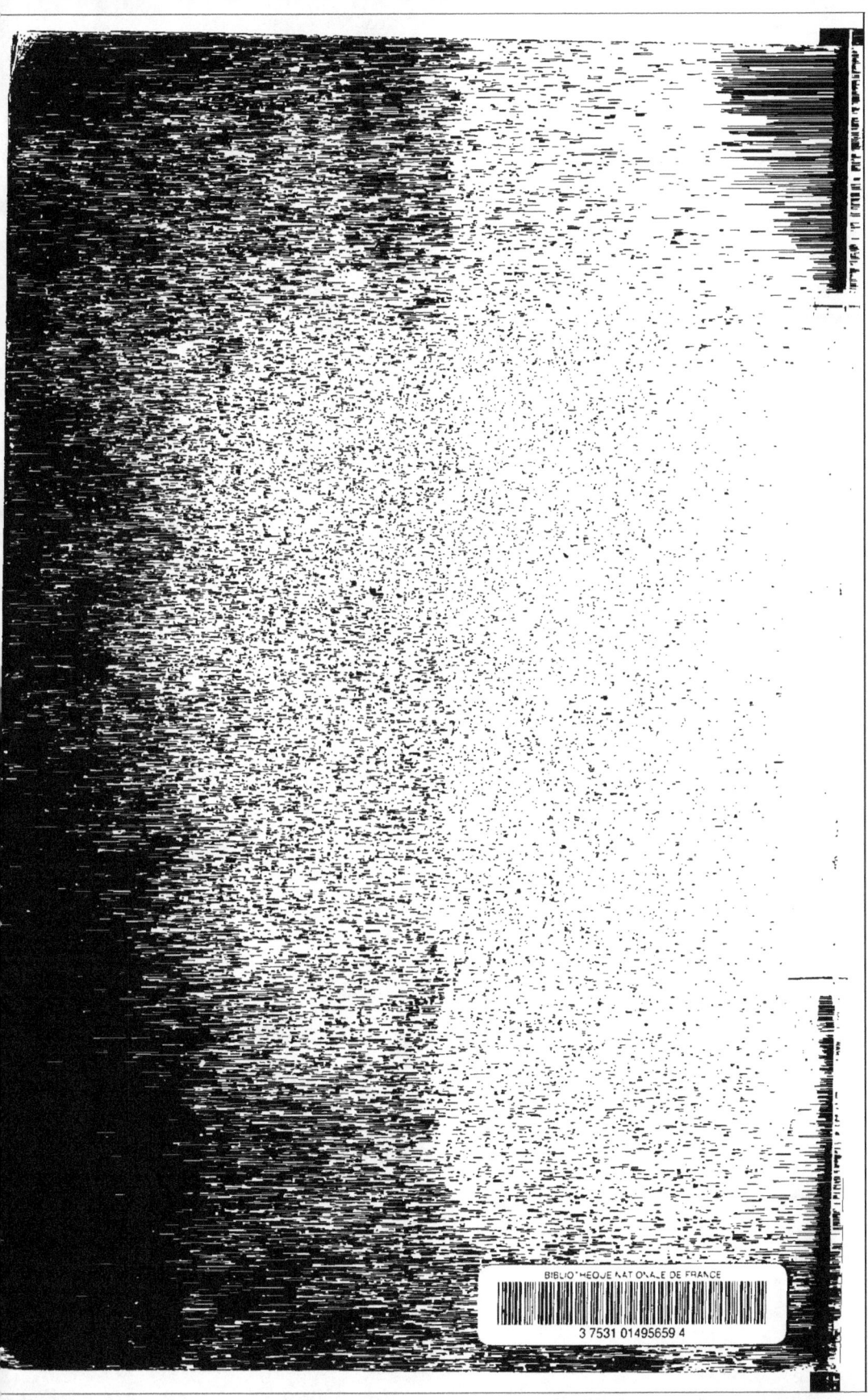

www.ingramcontent.com/pod-product-compliance
Lightning Source LLC
Chambersburg PA
CBHW060554050426
42451CB00011B/1911